ÉTUDE

SUR

L'EXPROPRIATION

POUR CAUSE D'UTILITÉ PUBLIQUE

EN ANGLETERRE, EN BELGIQUE, EN PRUSSE, EN ITALIE
EN ESPAGNE ET DANS LA CONFÉDÉRATION SUISSE

PAR

L. LE LOUP DE SANCY
MAITRE DES REQUÊTES AU CONSEIL D'ÉTAT

Extrait du *Bulletin de la Société de Législation comparée*

PARIS
A. COTILLON ET Cie, ÉDITEURS, LIBRAIRES DU CONSEIL D'ÉTAT
24, rue Soufflot, 24

1877

ÉTUDE

SUR

L'EXPROPRIATION

POUR CAUSE D'UTILITÉ PUBLIQUE

EN ANGLETERRE, EN BELGIQUE, EN PRUSSE, EN ITALIE EN ESPAGNE ET DANS LA CONFÉDÉRATION SUISSE.

Vous savez, Messieurs, que les formes de l'expropriation pour cause d'utilité publique sont réglées en France par la loi du 3 mai 1841 (1).

Depuis que cette loi est en vigueur, un grand nombre de pays d'Europe ont renouvelé ou notablement modifié leur législation sur la même matière.

En Angleterre, l'expropriation est régie par une loi du 8 mai 1845 (*Land clauses consolidation act*) (2).

(1) On sait que la loi du 3 mai 1841 est demeurée notre loi fondamentale en matière d'expropriation, bien qu'elle ait été complétée et modifiée par un certain nombre de textes législatifs ou réglementaires (notamment sénatus-consulte du 25 décembre 1852; décret du 8 février 1868; loi du 27 juillet 1870; décret du 10 août 1853, *servitudes militaires;* loi du 8 juin 1864, modifiant celle du 21 mai 1836, *chemins vicinaux;* loi du 27 juillet 1865, *chemins de fer d'intérêt local;* loi du 13 avril 1850, *logements insalubres;* décrets du 26 mars 1852, du 27 décembre 1858 et du 14 juin 1876, *rues de Paris et d'autres villes ;* loi du 10 juin 1854, *drainage;* loi du 28 mai 1858, *travaux de défense des villes contre les inondations ;* loi du 21 juin 1865, *associations syndicales*, etc., etc.).

(2) V. le texte de cette loi dans l'ouvrage de M. Charles de Franqueville, *Régime des travaux publics en Angleterre*, t. III, p. 60. — V. *ibid.*, p. 164 et 306, l'analyse sommaire de deux actes du Parlement qui ont légèrement modifié celui de 1845. Le premier traite, notamment, de l'expropriation en matière de travaux de la guerre et de la marine.

L'*Annuaire de la Société de législation comparée* (année 1876) contient l'analyse ou le texte de deux lois importantes qui touchent au droit d'expropriation en Angleterre, l'acte du 27 juin 1875, *logements insalubres* (page 14) et la loi du 11 août 1875, *consolidant et amendant les actes relatifs à la santé publique*, p. 26.

La Belgique, qui a conservé en partie l'ancienne loi française du 8 mars 1810, lui a fait subir d'importants remaniements dans les lois du 17 avril 1835 et du 27 mai 1870. Le texte de cette dernière loi a été donné dans l'*Annuaire* de la Société, en 1872.

En Suisse les formes de l'expropriation sont réglées par la loi fédérale du 1er mai 1850. Cette loi s'applique, aux termes de son article 1er, aux travaux que la Confédération fait exécuter, et à ceux dont l'exécution est décrétée par l'Assemblée fédérale. A l'égard des travaux d'intérêt cantonal ou communal, l'expropriation est régie par des lois particulières en vigueur dans les différents cantons (1).

L'Italie, la Prusse et l'Espagne sont dotées d'une législation beaucoup plus récente. La loi italienne est du 25 juin 1865 (2), la loi espagnole du 7 octobre 1869 (3). La loi de Prusse porte la date du 11 juin 1874. L'*Annuaire* de notre Société (année 1875) en a publié le texte (4).

La Société a également publié plusieurs lois traitant de la même matière, et qui ont été récemment promulguées par des États de l'Amérique du Nord (5).

L'étude de ces œuvres législatives et leur comparaison avec la loi française offrirait le sujet de nombreux rapprochements. Mais nous ne pouvons songer à entrer ici dans un examen de détails. Nous nous bornerons à résumer à grands traits, dans une étude sommaire, l'esprit et l'économie générale de chacune de ces lois, leurs dispositions les plus saillantes et les plus caractéristiques.

(1) Nous avons reçu communication des textes de la Constitution suisse, de la loi fédérale qui régit l'expropriation et de la plupart des lois cantonales rendues sur la même matière. Nous sommes redevable de cet ensemble d'intéressants documents aux obligeants efforts de M. Morel, membre de l'Assemblée fédérale, et de notre affectionné collègue M. Mayniel, auditeur au Conseil d'État.

Plusieurs des lois cantonales suisses ont l'importance et les proportions de lois d'ensemble. Nous citerons entre autres : canton de *Vaud*, loi sur les estimations juridiques du 27 décembre 1836 ; *Fribourg*, loi du 31 octobre 1849 ; *Genève*, loi du 11 septembre 1867 ; *Argovie*, loi du 27 novembre 1867 ; *Berne*, loi du 3 septembre 1868 ; *Schaffhouse*, loi du 18 décembre 1874.

L'*Annuaire* de la Société (1876), p. 784, contient l'analyse d'une loi récente du canton de *Vaud* sur la police des constructions (loi du 22 mai 1875). Le chapitre 2 traite de l'expropriation ordonnée pour l'exécution d'un plan d'alignement.

(2, 3) *Bibliothèque du Conseil d'État*, traductions manuscrites de M. Coléar.

(4) *Annuaire* 1875, p. 185, notice historique par M. Jacques Flach, traduction du texte par M. Marquès di Braga.

(5) Acte du 10 avril 1872, État de l'*Illinois*, *Annuaire* 1873, p. 39 ; acte du 28 février 1872, construction des chemins de fer dans l'État des *Massachusetts*, *Annuaire* 1873, p. 132 ; *même État*, chemins de fer, *Annuaire* 1876, p. 857.

Nous avons tout d'abord à constater, dans ces législations diverses, une entente remarquable sur un certain nombre d'idées fondamentales qui peuvent se résumer ainsi :

Nécessité, pour légitimer l'atteinte à la propriété privée, d'une raison dûment justifiée d'intérêt public, et obligation d'indemniser le propriétaire préalablement à la prise de possession ; protection assurée aux droits privés par l'organisation d'une procédure légale qui restreigne, autant que possible, le domaine de l'arbitraire ; division de cette procédure en deux phases et départ d'attributions entre le pouvoir souverain qui proclame ou reconnaît l'existence d'un besoin public, ordonne ou autorise l'expropriation, et le pouvoir judiciaire, parfois investi d'un droit de contrôle sur le précédent, mais ayant pour mission essentielle et principale de prononcer sur l'indemnité, si un accord amiable n'est intervenu entre celui qui poursuit l'expropriation et celui qui la subit.

Ces règles reposent, pour la plupart, sur des principes élémentaires de justice et de raison. Rien donc de moins surprenant que de les voir à peu près unanimement consacrées. Si, dans la pratique, elles avaient été souvent méconnues en France avant le Code civil et la loi de 1810, nos meilleurs et nos plus grands esprits, Pothier et Montesquieu entre autres, les avaient déjà posées, des arrêts de nos Parlements leur avaient rendu hommage (1), avant qu'elles n'eussent pris dans le droit public moderne leur place incontestée et définitive.

De la Déclaration d'utilité publique. — Si de l'énoncé de ces principes on passe à leur application, une première question, diversement résolue, se présente, celle de savoir à qui, du pouvoir parlementaire ou de l'autorité exécutive, doit être dévolue la mission de déclarer une entreprise d'utilité publique et d'autoriser les expropriations.

Vous savez qu'en France ce point a donné lieu à de vives controverses, et qu'à l'heure présente même le débat n'est pas considéré comme clos (2). C'est là, en effet, une de ces questions que chaque gouvernement résout un peu selon son tempérament propre. Les édits royaux sous l'ancien régime, nos lois des 7-11 septembre

(1) V. Denisart, v° *Aliénation forcée.*

(2) Deux propositions de loi, l'une soumise par M. de Janzé à l'Assemblée nationale en 1875, l'autre présentée à la Chambre des députés dans le courant de cette année par M. Wilson, ont pour objet d'étendre en cette matière les attributions du pouvoir législatif.

1790 et du 16 septembre 1807, celle du 8 mars 1810 et plus tard le sénatus-consulte du 25 décembre 1852 l'ont tranchée, les uns implicitement, les autres en termes explicites, dans le sens de la compétence du pouvoir exécutif. Par contre, les lois du 7 juillet 1833 et du 3 mai 1841 ont retenu pour le pouvoir législatif le droit d'autoriser les grands travaux publics (routes nationales, canaux, chemins de fer, etc.), en laissant au chef de l'État le soin de prononcer sur les opérations de moindre importance; et cette règle a été remise en vigueur, depuis peu d'années, par une loi du 27 juillet 1870.

Le même partage de compétence, réglé sur des bases presque identiques, se rencontre dans la loi italienne du 23 juin 1865 et dans la loi belge du 27 mai 1870 (art. 1er).

Par exception, la loi italienne décide qu'une loi est toujours nécessaire, quelle que soit la nature du projet, lorsqu'on entend imposer à des propriétaires une contribution de plus-value (L. de 1865, art. 9).

En Prusse et en Espagne, la déclaration d'utilité publique est toujours prononcée par un acte du pouvoir exécutif (L. prussienne du 11 juin 1874, art. 2 ; L. espagnole du 7 octobre 1869, art. 2, et exposé des motifs de cette loi).

A l'inverse, la loi anglaise de 1845 et la loi fédérale suisse (L. du 1er mai 1850, art. 1er) (1) établissent, sans admettre d'exception, la nécessité d'un acte du Parlement pour autoriser toute entreprise devant donner lieu à l'expropriation.

S'il importe de réserver, en règle générale, au Parlement ou au représentant le plus élevé du pouvoir exécutif le droit souverain d'ordonner l'exécution d'une œuvre d'intérêt public et d'obliger les propriétaires à subir la dépossession forcée de leurs immeubles, convient-il d'aller jusqu'à exiger, lorsqu'il s'agit d'un travail d'une vaste étendue, tel qu'un chemin de fer, une route nationale, un grand canal de navigation, que la loi ou le décret qui statue sur l'entreprise désigne en détail chacune des propriétés ou des parcelles dont l'expropriation est autorisée? La loi anglaise a poussé

(1) Les lois spéciales des divers cantons suisses consacrent le même principe. C'est généralement le pouvoir législatif cantonal qui prononce la déclaration d'utilité publique. (V. notamment *Genève*, loi du 11 septembre 1867, art. 1 et 18 ; *Berne*, loi du 18 septembre 1868, art. 2.) Quelquefois pourtant, la compétence se partage entre le pouvoir législatif (Grand Conseil) et le pouvoir exécutif (Conseil d'État), suivant l'importance et la nature des travaux, ou selon que l'expropriation doit atteindre des propriétés bâties ou non bâties. (V. *Fribourg*, loi du 31 octobre 1849, art. 9 et 10 ; *Neuchâtel*, loi du 16 août 1851, art. 1 ; *Vaud*, expropriation en exécution de plans d'alignement, loi du 22 mai 1875, art. 5.)

jusqu'à cette conséquence extrême le respect rigoureux de son principe. Par contre, les lois d'Italie et de Prusse, d'accord en ce point avec la nôtre, remettent à des autorités locales le soin de procéder, dans certaines formes et moyennant certaines garanties, à la désignation parcellaire des immeubles.

La loi belge dispose que, lorsqu'un travail public est autorisé par une loi, un arrêté ministériel subséquent désigne les immeubles compris dans l'expropriation.

Des Enquêtes. — La loi de 1841 donne, comme vous savez, à tous les intéressés la précieuse faculté de faire entendre et de consigner leurs observations dans deux enquêtes. La première porte sur le mérite même du projet : elle s'ouvre avant la déclaration d'utilité publique. La seconde précède et vise spécialement la désignation des propriétés à atteindre. Cette dernière enquête est celle qui touche le plus directement les intérêts privés : aussi est-ce la seule que nous trouvions prescrite dans la loi belge (L. du 21 mai 1870), dans la loi de Prusse (L. du 11 juin 1874, art. 15), et dans la loi fédérale suisse (L. du 1er mai 1850, art. 12).

La loi italienne, à l'exemple de la nôtre, ordonne en règle générale deux enquêtes. Elle admet, toutefois, certaines exceptions : la première enquête n'est pas prescrite lorsqu'il s'agit de travaux qui doivent être autorisés par une loi. Les deux enquêtes se confondent en une seule (L. de 1865, art. 21) lorsque les parcelles à atteindre sont exactement désignées sur le plan d'avant-projet et dans l'acte portant déclaration d'utilité publique.

La législation de la Grande-Bretagne se distingue profondément, en ce point, de celles que nous venons de vous citer.

La loi qui porte le titre de *land clauses consolidation act* (8 mai 1845), et les *standing orders* des deux chambres du Parlement, réservent aux chambres elles-mêmes, avec le droit de concéder par un *bill privé* une entreprise d'intérêt public, le soin d'arrêter le tracé, de statuer sur les oppositions que le projet rencontre et de fixer les conditions de l'expropriation.

Vous trouvez ici, en même temps qu'une remarquable affirmation de la toute-puissance du Parlement anglais, la préoccupation, poussée à ce qu'il semble jusqu'à l'excès, de respecter les droits et les intérêts des particuliers. M. Charles de Franqueville nous a tracé, dans son intéressant ouvrage sur les travaux publics en Angleterre, le tableau pittoresque d'une séance d'une de ces commissions parlementaires appelées à examiner les demandes de bills privés pour la concession de chemins de fer. Les deux adversaires, la compagnie demanderesse en concession et le propriétaire, sont représentés, comme devant un tribunal, par leurs avocats; on discute pied à pied la nécessité et les conditions possibles des cessions de terrains réclamées. L'acte législatif à intervenir ne négligera pas de statuer sur les détails d'exécution; il stipulera, par exemple, que telle inflexion sera donnée au tracé, pour éviter de trop se rapprocher d'une maison d'habitation; que, pour dissimuler la voie ferrée qui vient couper un parc et en gâter la perspective, la compagnie concessionnaire fera exécuter à ses frais des mouvements de terrains, des plantations en telles et telles essences, qu'on donnera à une station voisine l'aspect d'une construction rustique, etc.

La manière dont l'expropriation est pratiquée aux États-Unis fait un contraste frappant avec le tableau qui précède.

La législation des États de l'Union nous est trop imparfaitement connue pour que nous puissions lui donner la place qu'elle mériterait d'occuper dans cette étude. Toutefois, trois textes intéressants, au point de vue qui nous occupe, ont été publiés dans l'*Annuaire* de la Société, en 1873 et en 1876: un acte de la législature de l'Illinois, du 10 avril 1872, qui réglemente l'exercice du droit d'expropriation dans cet État (1), et deux lois, l'une du 23 février 1872 (2) et l'autre du 27 juin 1874 (3), réglant les conditions sous lesquelles est autorisée la formation de compagnies de chemins de fer dans l'État de Massachusetts.

A côté de ces lois, et en quelque sorte à titre de commentaire, nous devons citer les très-curieux renseignements donnés par M. Malézieux, ingénieur en chef des ponts et chaussées, dans l'ouvrage qu'il a publié en 1873, après l'accomplissement de la mission que le gouvernement français lui avait confiée d'étudier la situation des travaux publics aux États-Unis.

Il résulte de l'examen de ces documents, qu'aux États-Unis l'autorisation de recourir à l'expropriation n'est pas soumise aux règles précises et entourée des formes obligatoires par lesquelles le droit de propriété est protégé dans la plupart des États européens. En ce qui touche spécialement la construction des chemins de fer, la loi américaine ne réserve pas aux pouvoirs publics un droit de concession ou d'autorisation. L'initiative privée peut se donner libre carrière, et sous certaines conditions, qu'elles sont tenues de remplir, les compagnies spontanément formées peuvent exercer le droit d'expropriation.

(1) *Annuaire* 1873, p. 89, traduction de M. Bailleux de Marisy.

(2) *Annuaire* 1872, p. 132, traduction de M. Lamé-Fleury.

(3) *Annuaire* 1876, p. 855, analyse de M. G. Masson de Montalivet.

Pour former en Amérique une compagnie en vue de la construction ou de l'exploitation d'un chemin de fer, nous dit M. Malézieux, il suffit d'être au nombre de vingt-cinq personnes et de déposer chez le secrétaire d'État un acte de société satisfaisant à certaines conditions, dont voici les principales :

Indication des points extrêmes de la ligne et des comtés qu'elle traverse ;

Indication du montant du capital social, qui ne doit pas être inférieur à 10,000 dollars par mille (environ 31,500 fr. par kil.) ;

Déclaration sous serment qu'il a été souscrit dix pour cent au moins de ce capital minimum, et qu'un dixième au moins des souscriptions est versé ;

Un certificat, délivré par le secrétaire d'État, donne acte de l'accomplissement de ces exigences légales, déclare la compagnie constituée avec tous les droits et priviléges conférés par les lois et sous les obligations qu'elles imposent.

La compagnie ainsi fondée a titre suffisant pour poursuivre l'acquisition amiable ou forcée des terrains qui lui sont nécessaires. L'administration n'intervient pas, en général, dans cette opération (1). Une lutte de ruse s'engage entre la compagnie et les propriétaires. Pour prévenir des demandes exagérées, la compagnie s'efforce de tenir secret le tracé qu'elle a choisi. Elle négocie cependant, de côté et d'autre, aussi discrètement que possible. Elle a soin de faire valoir aux intéressés les avantages qu'ils seront appelés à recueillir, si telle ou telle direction est préférée : sa décision, à cet égard, n'est connue qu'au dernier moment. Grâce à ces précautions et aussi aux facilités offertes par l'état de la propriété, très-peu morcelée dans le Nouveau-Monde, beaucoup de propriétaires consentent à traiter à l'amiable.

Cependant, des récalcitrants se rencontrent et il y a nécessité de recourir à l'expropriation.

On s'adresse, dans ce cas, aux tribunaux. Après une instruction contradictoire, la Cour suprême de l'État est appelée à décider entre le propriétaire qui veut garder son immeuble et la compagnie qui prétend l'en exproprier. S'il est reconnu qu'un tracé est par trop dommageable à l'égard d'un particulier et qu'il peut être modifié sans inconvénient grave pour la compagnie, le juge a le

(1) La compagnie n'a à compter avec des résistances administratives et n'est obligée d'obtenir des autorisations spéciales que lorsque la voie ferrée en projet doit se croiser avec une autre ligne de chemin de fer, traverser une ville, un canal, un cours d'eau navigable, etc. (État de *Massachusetts*, acte du 28 février 1872, art. 12).

pouvoir d'ordonner les changements nécessaires. Cet ordre de questions réglé, un même arrêt prononce sur l'expropriation et renvoie les parties devant des experts pour le règlement de l'indemnité. Cette faculté de recourir à l'autorité judiciaire est, ou peu s'en faut, la seule arme défensive que les lois américaines donnent aux propriétaires, en regard de l'extrême liberté dont jouissent les compagnies.

Cette liberté a, paraît-il, donné lieu a des abus assez graves pour que, dans certain États, on ait songé à la restreindre. C'est ce que nous révèle la loi récente du 27 juin 1874, dont votre *Annuaire* de 1876 vient de publier l'analyse, et qui régit l'État de Massachusetts. Cette loi exige que les plans et les tracés projetés par une compagnie de chemin de fer soient soumis au contrôle des autorités qui portent les noms de *mayors*, *aldermen*, *selectmen*. En cas de refus d'approbation, le tracé est fixé par la *Commission des chemins de fer*. Cette commission est une autre création de la nouvelle loi. Elle est chargée, aux lieu et place du secrétaire d'État, de délivrer le certificat attestant que la compagnie a satisfait aux prescriptions légales, et l'investissant, entre autres prérogatives, du droit d'expropriation.

Des délais dans lesquels il peut être fait usage de l'acte qui autorise les expropriations. — Quand l'autorisation de recourir à l'expropriation a été donnée par l'acte portant déclaration d'utilité publique, convient-il de laisser l'autorité publique ou le concessionnaire seuls juges de l'époque à laquelle il sera opportun d'exercer les droits dont ils ont été investis au regard des propriétaires? La loi italienne de 1865 ne l'a pas pensé. Elle contient à cet égard une disposition fort sage; c'est l'article 13, ainsi conçu :

« L'acte qui déclarera un travail d'utilité publique fixera les délais « dans lesquels les expropriations et les ouvrages devront être « commencés et achevés.

« L'autorité qui fixe ces délais peut les proroger, mais en impo- « sant un nouveau terme strictement limité.

« Les délais expirés, la déclaration d'utilité publique reste nulle « et sans effet. Il ne pourra plus être procédé aux expropriations « qu'en conséquence d'une nouvelle déclaration, obtenue dans les « formes prescrites par la présente loi. »

De son côté, la loi de Prusse (art. 21 et 42) enjoint à l'autorité administrative de fixer le délai dans lequel il sera permis d'user du droit d'expropriation.

La loi anglaise de 1845 (art. 123) s'exprime ainsi :

« Les pouvoirs accordés aux promoteurs de l'entreprise d'expro-
« prier les terrains nécessaires ne pourront être exercés que pen-
« dant la période prescrite, et, si aucun délai n'a été fixé, après
« trois ans à dater du vote de l'acte de concession. »

L'absence de dispositions semblables dans la loi française a été plus d'une fois regrettée. Souvent, à la vérité, l'acte qui déclare une entreprise d'utilité publique fixe un délai d'exécution : c'est ce qui a lieu, notamment, en matière de construction de routes et de chemins de fer d'intérêt local. Mais cette prescription, que la loi ne rend pas obligatoire, n'est pas toujours édictée. Rarement elle trouve sa place dans les décrets qui autorisent les travaux de voirie des villes. On s'est plaint, et non sans raison, de cette faculté dangereuse qu'ont les administrations municipales de faire déclarer d'utilité publique des travaux dont il leur est loisible d'ajourner indéfiniment l'exécution (1). Des propriétés se sont trouvées frappées ainsi d'une sorte d'interdit, exposées, pendant un temps illimité, à subir des pertes plus dommageables que ne le serait l'expropriation elle-même. Il y a ici, à ce qu'il nous semble, une lacune dans notre loi, et il serait facile de la combler.

Du jugement qui prononce l'expropriation. — Les lois diverses que nous avons consultées divisent, ainsi que vous l'avez remarqué, la procédure d'expropriation en deux parties bien distinctes : une série d'actes de l'autorité publique qui aboutissent à la désignation des propriétés à occuper, et une instruction judiciaire qui a pour objectifs le règlement et le payement de l'indemnité.

Entre ces deux périodes de la procédure, la loi du 8 mars 1810 a intercalé une décision intermédiaire, le jugement qui prononce l'expropriation. C'est là un des traits caractéristiques de la loi de

(1) L'article 14 de la loi du 3 mai 1841 fixe un délai d'un an, passé lequel le propriétaire, *dont l'immeuble a été déclaré cessible par arrêté du préfet*, peut présenter requête afin de faire prononcer l'expropriation par le tribunal et de faire saisir le jury de la question d'indemnité. L'article 55 de la même loi dispose que si, dans les six mois du jugement d'expropriation, l'administration ne poursuit pas la fixation de l'indemnité, les parties pourront exiger qu'il soit procédé à ladite fixation. Mais si, après que la loi ou le décret portant déclaration d'utilité publique a été rendu, l'administration ajourne les formalités ultérieures et remet à faire prononcer l'arrêté préfectoral qui doit déclarer les propriétés cessibles, les intéressés n'ont, aux termes de la loi, aucun moyen d'empêcher cet ajournement. Ils ne sont protégés contre les conséquences dommageables qui peuvent résulter de pareils retards, qu'autant que l'acte spécial déclarant l'utilité publique a pris soin de fixer un délai après l'expiration duquel l'autorisation d'exproprier sera considérée comme non avenue.

1810. Inspirée par une pensée de réaction contre l'espèce d'omnipotence dont l'ancien régime et la loi de 1807 avaient investi l'autorité administrative, elle a voulu que l'instruction confiée au gouvernement et à ses agents eût pour sanction dernière un acte du pouvoir judiciaire. Un droit de contrôle appartient donc aux tribunaux. Vous savez, au surplus, que la portée en est restreinte et qu'ils se bornent, dans la pratique, à vérifier, avant de prononcer l'expropriation, si toutes les formes légales ont été observées et si les pièces de l'instruction qui leur est déférée sont complètes et régulières.

Cette prescription de la loi française n'a pas d'analogue dans les lois de Prusse, d'Italie et dans la loi fédérale suisse. La Belgique l'a trouvée dans la loi de 1810 et l'a maintenue. Nous la voyons également figurer dans la loi espagnole du 7 octobre 1869 (art. 3) et dans la loi spéciale du canton de Fribourg (loi du 31 octobre 1849, art. 18 et suivants).

Du règlement des indemnités. — Après l'acte qui a définitivement désigné les propriétés expropriées, vient le règlement des indemnités.

Elles peuvent être réclamées à des titres divers. A côté des propriétaires peuvent se présenter des fermiers, des locataires, des personnes jouissant d'un usufruit ou d'un droit de servitude. La plupart des lois que nous avons étudiées les admettent personnellement à venir débattre avec l'administration ou le concessionnaire leur droit à une réparation pécuniaire. La loi italienne seule est conçue dans un sens tout opposé. Elle entend que l'expropriant n'ait en face de lui d'autre adversaire que le propriétaire, et elle oblige celui-ci à comprendre dans sa demande les indemnités locatives et autres, sous sa responsabilité à l'égard des autres intéressés, qui n'ont d'action à exercer que contre lui (loi de 1865, art. 27).

Cette disposition rigoureuse et, à notre avis, peu équitable, n'est qu'imparfaitement corrigée par l'article 54 de la même loi, aux termes duquel les personnes qui ont des droits à prétendre sur l'indemnité peuvent la contester comme insuffisante devant les tribunaux, à charge d'exercer ce recours dans un délai de trente jours.

Toutes les lois citées dans cette étude consacrent la règle fondamentale qui veut que l'indemnité soit fixée et payée, ou tout au moins consignée, avant la prise de possession. Dans la plupart des États, comme en France, ce principe a reçu la sanction constitutionnelle.

Dans toutes ces législations apparaît une autre pensée commune, celle de favoriser le règlement des indemnités à l'amiable. La loi italienne a même pris soin d'établir, pour faciliter cet accord, une sorte de tribunal de conciliation. Son article 26 s'exprime ainsi :

« Les propriétaires intéressés et la personne qui poursuit l'expro-« priation ou ses mandataires pourront se présenter devant le « maire, lequel, assisté de ses adjoints, s'il y en a, fera en sorte que « le montant de l'indemnité soit arrêté et accepté à l'amiable entre « les parties. »

A défaut d'accord amiable, l'indemnité est réglée judiciairement.

Nous touchons ici à l'une des questions les plus graves de notre sujet, celle du choix du juge chargé de statuer sur l'indemnité.

En France, vous le savez, ce pouvoir a été successivement confié à la juridiction administrative, puis aux tribunaux ; il appartient aujourd'hui au jury, en vertu des lois du 7 juillet 1833 et du 3 mai 1841.

C'est à l'Angleterre que nous avons emprunté la juridiction du jury. Proposée en 1833 par le Gouvernement, avec une certaine réserve et en quelque sorte à titre d'essai, tandis que de hardis novateurs concevaient la pensée d'inaugurer toute une réforme judiciaire et d'attribuer un jour au jury la connaissance des affaires civiles, cette institution a aujourd'hui quarante-trois ans de durée, et une longue épreuve permet de l'apprécier à sa juste valeur. De graves reproches lui ont été adressés. On se plaignait, sous l'empire de la loi de 1810, que la magistrature n'observât pas à l'égard de l'expropriant toute l'impartialité nécessaire; on l'accusait d'accueillir avec trop de facilité les prétentions des propriétaires. On citait même, si nous ne nous trompons, tel jugement qui avait statué *ultra petita*. On attendait du jury plus d'équité à l'égard de l'État. Nous ne croyons pas le calomnier en affirmant qu'il n'a pas justifié cette confiance.

Elle était déjà quelque peu ébranlée lorsque, après une première expérience de sept années, le législateur s'est décidé, en 1841, à donner une consécration nouvelle au jury d'expropriation.

«... Quant au jury, disait l'exposé des motifs, présenté à la « Chambre des pairs, tout en reconnaissant ce qu'il y a eu de « déplorable dans certains exemples, heureusement assez rares, « nous n'avons pas cru que l'ensemble des faits offrît un tel « caractère de gravité, qu'il fallût sur ce point renoncer à l'inno-« vation de la loi de 1833 (1). »

(1) V. M. Aucoc, *Conférences sur l'Administration et le Droit administratif*, t. II, p. 326, en note.

Les faits postérieurs n'ont fait que confirmer les appréhensions qui se manifestaient déjà en 1840.

Les indemnités accordées à l'occasion des travaux de Paris et de nos grandes villes ont laissé, à cet égard, des souvenirs qui sont présents à tous les esprits. Les résultats constatés, en ce qui touche les autres travaux et spécialement la construction des chemins de fer, n'ont pas été différents.

Peu après 1860, à l'époque où M. l'inspecteur général Coumes, alors ingénieur en chef des ponts et chaussées dans le département du Bas-Rhin, venait d'expérimenter, pour la première fois, la construction de chemins de fer d'intérêt local, il constatait dans son rapport au conseil général sur cette opération, que l'administration avait réussi, à force d'esprit de conciliation, à passer plus de 4,500 traités à l'amiable; mais il ajoutait que, pour vingt-neuf parcelles restantes, il avait fallu s'adresser au jury, qui avait accordé en moyenne tantôt 19 p. 100, tantôt 120 p. 100 en sus des sommes offertes (1).

Un peu plus tard M. le comte Lehon, dans le rapport présenté au nom de la commission du Corps législatif, sur le projet de loi relatif aux chemins de fer d'intérêt local, signalait les indemnités exagérées accordées par le jury en matière de grands travaux de chemins de fer; et rappelait que, pour le réseau de l'Ouest, les indemnités avaient parfois dépensé 80,000 fr. par kil.; que, pour celui de Toulouse à Bayonne, le jury avait alloué des sommes sept fois et demie supérieures à celles qui avaient été acceptées à l'amiable pour des parcelles contiguës et identiques (2).

En 1868, l'éminent et si regretté M. de Franqueville apportait à la tribune du Corps législatif des renseignements encore plus instructifs. Il citait telles lignes de chemins de fer, celles par exemple de Toulouse à Bayonne, de Lisieux à Honfleur, du Var à la frontière d'Italie, pour lesquelles les indemnités accordées par le jury avaient atteint 23,000, 28,000, 38,000, 83,000 et 273,000 francs par kil., c'est-à-dire de 7,000 à 12,000 francs et de 30,000 à 91,000 francs par hectare (3).

Tout récemment, dans une étude faite à l'occasion de la construction du chemin de fer de Rodez à Milhau, M. de Vialar, ingénieur des ponts et chaussées, constatait que les allocations du jury

(1) M. Aucoc, *Conférences sur le droit administratif*, t. II, p. 327.
(2) M. Aucoc, *Conférences*, t. II, p. 326.
(3) M. Aucoc, *Conférences*, t. III, p. 262.

avaient porté en moyenne la dépense des acquisitions de terrains à 20,000 francs par hectare, alors que la compagnie voisine des mines de Decazeville payait des terrains de même valeur au prix moyen de 10,000 francs l'hectare (1).

Nous n'avons pas à insister ici sur les résultats économiques, aussi bien que sur les conséquences morales de pareilles exagérations. Qu'il nous soit permis seulement de remarquer que, dans le cas même où le jury d'expropriation se serait toujours montré animé de l'esprit d'impartialité le plus irréprochable, il trouverait dans sa constitution même une cause d'imperfection à laquelle il ne dépend pas de lui de se soustraire. Les demandes en indemnité ne soulèvent, à la vérité, que des questions de fait plus ou moins complexes; mais ces questions se groupent pour la plupart sous un petit nombre d'espèces identiques, ou tout au moins présentant entre elles une très-grande analogie. Elles exigeraient, pour être équitablement résolues, le travail réfléchi, continu, progressif, à l'aide duquel se fonde et s'établit une jurisprudence. Malheureusement, cette œuvre si nécessaire, le jury avec son incessante mobilité est hors d'état de l'édifier. De là ces inégalités choquantes dans l'application de la loi, ces encouragements déplorables donnés aux espérances les moins légitimes, et par-dessus tout un obstacle à peu près insurmontable aux compositions amiables que la loi s'est pourtant proposé de favoriser (2),

Quoi qu'il en faille penser, nous devons constater ici un fait remarquable, c'est que la législation anglaise et la nôtre sont les seules à notre connaissance qui aient adopté le jury d'expropriation.

En Amérique même, où l'estimation des indemnités est confiée à des propriétaires, tantôt désignés par l'autorité judiciaire, tantôt tirés au sort, leurs attributions diffèrent de celles de jurés pro-

(1) M. de Vialar, ingénieur des ponts et chaussées, *Mémoire sur les expropriations départementales*, etc., Paris, 1876.

(2) Ce n'est pas seulement en France que l'attention des législateurs et du public a été appelée sur l'élévation du chiffre des indemnités d'expropriation. En Angleterre, une enquête a été ouverte sur cette question par la Chambre des lords, en 1845. Cette enquête a donné lieu de constater que les immeubles expropriés pour la construction des chemins de fer étaient payés, en moyenne, avec une majoration de 50 p. 100 de leur valeur intrinsèque. Le comité de la Chambre des lords, chargé de donner connaissance à la Chambre des résultats de cette enquête, émit l'avis que les indemnités réglées sur ce pied avaient été équitablement appréciées pour deux raisons : la terre n'est pas seulement une source de revenu, mais aussi une source de plaisirs et de jouissances dont il doit être tenu compte ; — si les chemins de fer profitent au public, ils enrichissent les compagnies, auxquelles il est juste de faire payer largement les immeubles qu'elles exproprient (*Ch. de Franqueville*, t. I, p. 143).

prement dits en ce point essentiel, qu'ils ne sont point investis d'une juridiction souveraine, que les parties peuvent réclamer devant le magistrat ou la Cour contre leur estimation, et qu'il appartient au juge d'amender leur travail et de renvoyer l'affaire à de nouveaux experts. (V. la loi de l'État de l'Illinois de 1872, art. 9, et l'ouvrage cité plus haut de M. Malézieux.)

D'après les articles 22 et 23 du *land clauses consolidation act* de 1845, l'indemnité de dépossession est réglée en Angleterre par deux juges de paix, quand la demande n'excède pas 50 livres sterling (environ 1,250 fr.). Si la demande dépasse cette somme, le propriétaire a la faculté de déférer la cause à des arbitres. S'il n'use point de ce droit, les parties s'adressent au jury.

En Belgique, l'indemnité est fixée par les tribunaux, après estimation par trois experts nommés par les parties ou, à défaut d'accord, désignés d'office (loi du 8 mars 1810 et loi du 17 avril 1835, art. 7 et suiv.).

La loi d'Italie confie le règlement de l'indemnité à un ou à trois experts nommés par le tribunal. Un recours est ouvert contre leur décision devant l'autorité judiciaire (loi du 25 juin 1865, art. 32 et suiv. et art. 51).

Dans le royaume de Prusse, la compétence est mixte : l'indemnité est fixée, après expertise, par une décision motivée de l'autorité administrative (gouvernement de district). Cette décision peut être attaquée devant les tribunaux (loi du 11 juin 1874, art. 29 et 30).

En Espagne, le règlement de l'indemnité était confié par la loi du 17 juillet 1836 à l'autorité administrative. Il appartient, depuis la loi du 7 octobre 1869, au juge de district, qui statue après une instruction contradictoire et, s'il en est besoin, après expertise. La sentence du juge est susceptible d'appel devant le tribunal supérieur (tribunal de territoire), mais le recours n'est admissible qu'en cas de lésion de plus du tiers du juste prix (loi de 1869, art. 15 et suiv., art. 21 et suiv.).

La loi fédérale suisse défère le débat relatif à l'indemnité à une commission de trois membres nommés, le premier par le tribunal fédéral, le second par le conseil fédéral et le troisième par le gouvernement du canton. Un recours est ouvert contre leur décision devant l'autorité judiciaire, qui peut ordonner une nouvelle information (1).

(1) La législation spéciale des cantons suisses présente, relativement au mode de règlement de l'indemnité, de notables variations.

Tantôt les indemnités sont réglées par les tribunaux civils, en général à la

Quels éléments convient-il de faire entrer dans le calcul de l'indemnité? — Nous avons, à cet égard, peu de divergences à vous signaler. C'est une opinion généralement admise, à l'étranger comme en France, que l'indemnité de dépossession, pour être équitablement réglée, doit comprendre, outre la valeur vénale de l'immeuble occupé, une somme représentative de tous les dommages accessoires qui sont la conséquence de la dépossession. C'est la pensée qu'expriment avec une précision remarquable les articles 8, 9 et 10 de la loi prussienne.

« Le propriétaire, dit l'article 10, doit pouvoir se procurer avec « l'indemnité un autre immeuble de même valeur, qu'il puisse uti- « liser de la même manière que celui dont on le dépossède. »

La loi espagnole (art. 14) dit, en termes plus vagues, que l'administration doit offrir une indemnité élevée.

Les termes de la loi italienne sont plus restrictifs. En cas d'occupation partielle, elle dispose (art. 40) que « l'indemnité consistera « dans la différence entre le juste prix qu'aurait atteint l'immeuble « avant l'occupation et le juste prix que pourra atteindre la portion « restante après cette occupation. »

Des compensations de plus-value. — Lorsque l'expropriation n'est que partielle, il peut arriver que le dommage résultant de la dépossession soit compensé par une plus-value que l'exécution du travail public procurera au reste de l'immeuble.

Nos lois de 1833 et de 1841 ont admis qu'il devait être tenu compte de cette plus-value dans le décompte de l'indemnité, à la condition que l'augmentation de valeur fût immédiate et spéciale. Nous trouvons la même disposition, conçue en termes identiques, dans l'article 41 de la loi italienne de 1865.

Cette même loi contient un article 77, qui reproduit la disposition des articles 30 et suivants de la loi française du 16 septembre 1807. Cet article porte que les *propriétaires confinants ou contigus* qui doivent profiter directement d'un travail public, peuvent être appelés à contribuer à la dépense dans une proportion qui n'excède pas en

suite d'une expertise, mais sans que le tribunal soit lié par les résultats du travail des experts (*Genève*, L. du 11 septembre 1867, art. 25, 26 et 27 ; *Berne*, L du 15 septembre 1868, art. 27 et s., a. 33; *Fribourg*, L. du 31 octobre 1849, art. 9 et 10) ; tantôt le règlement de l'indemnité est confié à des experts, mais sauf recours aux tribunaux (*Vaud*, L. du 29 décembre 1836, art. 14, 15) ; tantôt la décision appartient à des experts-jurés, dont le travail peut être revisé après adjonction de nouveaux experts (*Neuchâtel*, L. du 16 août 1851, art. 2 et suiv., et L. du 22 décembre 1874).

général la moitié de la plus-value procurée. Cette contribution ne peut être imposée qu'en vertu d'une loi spéciale.

La loi fédérale suisse repousse expressément, en principe, toute contribution de plus-value. Elle admet toutefois une exception, dans le cas où l'exécution du travail public a pour effet d'affranchir un propriétaire d'une charge qui lui incombait auparavant.

M. Malézieux nous apprend qu'aux États-Unis la loi interdit formellement de rien défalquer de l'indemnité de dépossession, à raison des avantages réels ou supposés que les propriétaires pourront retirer de l'établissement d'un chemin de fer. Il mentionne qu'en revanche le principe de la contribution des propriétaires à la dépense est admis, et parfois même largement pratiqué, lorsqu'il s'agit de travaux des villes.

De l'occupation temporaire et de l'extraction des matériaux.—Toutes les lois étrangères qui font l'objet de cette étude prévoient et règlent, à côté de l'expropriation proprement dite, le cas d'occupation temporaire ou d'extraction de matériaux. D'après ces lois, la même autorité statue, en général, tant sur l'indemnité de dépossession que sur les dommages causés par des occupations temporaires, extractions de matériaux, etc.

Des limites assignées au droit d'exproprier.—Des cas où l'expropriation peut être étendue au delà du périmètre d'un travail public. — Les lois que nous avons analysées s'accordent à admettre, avec la loi française, que la faculté d'exproprier est de droit étroit. Elles en tirent cette double conséquence :

1° Que si, dans le cas d'une occupation partielle, le propriétaire a parfois la faculté de requérir l'expropriation totale, la réciproque, en règle générale, n'est pas admise en faveur de l'administration;

2° Que le propriétaire dépossédé a droit de réclamer la rétrocession de son immeuble, si l'expropriant n'en a pas fait emploi conformément à l'acte portant déclaration d'utilité publique.

Des controverses se sont élevées en France au sujet de ce droit de rétrocession. On s'est demandé, en présence des termes un peu ambigus de notre loi de 1841 (art. 60), si le propriétaire exproprié en partie, qui a aliéné depuis lors la portion restante de son immeuble, peut exercer encore le droit de rétrocession, ou s'il l'a implicitement transmis à son acquéreur. La question est expressément tranchée dans ce dernier sens par l'article 60 de la loi italienne de 1865, et par l'article 57 de la loi prussienne de 1874.

Le cadre de ce travail ne nous a permis que de vous signaler par leurs traits les plus saillants les lois diverses que nous y avons comprises. Nous ne devons pas le terminer sans vous dire un mot d'une extension fort grave que le droit d'expropriation a reçue de nos jours en matière de voirie urbaine.

Les travaux de viabilité des villes ont pris, depuis un certain nombre d'années, un remarquable développement. L'assainissement des centres populeux a pris place au premier rang des besoins publics : l'ouverture de voies spacieuses, la construction de places monumentales éveille entre les villes grandes et petites une émulation à laquelle on ne saurait qu'applaudir, pourvu qu'elle sache se borner à propos.

Les œuvres entreprises seraient le plus souvent incomplètes et leurs résultats disproportionnés aux sacrifices consentis si, après avoir à grands frais pratiqué des percées, ouvert des boulevards ou des places, on se trouvait réduit à utiliser, pour les border, les relais de terrain exigus, irréguliers, sans profondeur, que le hasard des expropriations a respectés à droite et à gauche des voies nouvelles.

Cette considération a inspiré en France la disposition insérée dans l'article 13 de la loi du 13 avril 1850 sur les logements insalubres et le décret-loi du 26 février 1852, qui s'applique à Paris et à un certain nombre de villes importantes.

La loi de 1850 permet d'autoriser une administration municipale à acquérir, dans un intérêt d'assainissement et en vue de travaux d'ensemble, la totalité des immeubles compris dans un périmètre déterminé.

Le décret de 1852 permet d'exproprier en entier des immeubles que le projet de voirie n'atteint que partiellement, si les parties restantes sont impropres, à raison de leur étendue ou de leur forme, à recevoir des constructions salubres. Ces parcelles sont réunies aux propriétés contiguës.

Il n'a été fait que de rares applications de la loi de 1850. Vous n'ignorez pas que, par contre, il a été fréquemment usé du décret de 1852, et que plus d'une administration municipale a encouru le reproche d'en avoir quelque peu abusé.

Quelques-unes paraissent, en effet, avoir cédé à la tentation d'atténuer leurs dépenses de voirie en expropriant des terrains en bordure, avec la pensée de les revendre et de bénéficier de la plus-value.

En vain a-t-on pu alléguer, pour justifier cette spéculation, qu'elle porte exclusivement sur une augmentation de valeur que l'expropriant crée et dont il est juste qu'il profite. Une semblable combinaison est absolument contraire au principe primordial sur lequel repose le droit d'expropriation. Il est permis de s'emparer d'une propriété privée pour donner satisfaction à un besoin public, mais non pas en vue d'un simple intérêt financier. Le Conseil d'État a toujours maintenu cette distinction essentielle. C'est pour en mieux assurer le respect qu'il a rédigé le règlement de procédure du 29 décembre 1858 ; et, tout récemment encore, il jugeait utile, à ce point de vue, d'entourer de précautions nouvelles l'application du décret du 26 mars 1852 (décret réglem. du 14 juin 1876).

La législation belge s'est sensiblement écartée de ces principes. Au moment même où des réclamations s'élevaient contre l'usage qui avait été fait à Paris et ailleurs du décret du 26 mars 1852, un mouvement tout contraire se produisait en Belgique; l'émulation de nos voisins était excitée par les travaux qui avaient transformé plusieurs de nos grandes villes. Des articles de journaux, des discours prononcés dans des réunions publiques, des vœux multipliés de conseils provinciaux ou communaux réclamaient, avec un remarquable ensemble, une législation analogue à celle de la France.

De cet effort de l'opinion est née la loi du 1er juillet 1858. A l'occasion d'un travail de voirie urbaine, cette loi permet d'exproprier, après certaines formalités, un ensemble d'immeubles compris dans un périmètre déterminé; elle autorise par surcroît l'acquisition intégrale des propriétés partiellement comprises dans la zone du projet.

Cette loi de 1858 ne s'appliquait qu'aux travaux d'assainissement. Cette restriction a paru gênante, et une loi postérieure du 11 novembre 1867 est venue rendre les dispositions qui précèdent applicables aux travaux de simple amélioration ou même d'embellissement.

Il est à remarquer qu'au nombre des raisons déterminantes que les promoteurs de ces lois ont fait valoir, figurent ces considérations financières que le législateur s'est toujours refusé, dans notre pays, à élever au rang d'un intérêt public.

La pensée de venir en aide aux villes en leur permettant de couvrir en partie leurs dépenses avec les bénéfices à réaliser sur la revente des terrains se laisse même entrevoir, sans trop de dissimulation, dans l'exposé des motifs présenté par le ministre de l'intérieur à l'appui de la loi belge de 1858. A la vérité, et pour donner sans doute une satisfaction au moins apparente à la propriété et aux textes constitutionnels qui la garantissent, les articles 6 et 7 de la loi réservent aux propriétaires la faculté de se réunir en syndicats et d'obtenir, à certaines conditions, un droit de préférence, s'ils entendent se charger eux-mêmes de l'exécution des travaux projetés.

Il convient de rapprocher des lois belges de 1858 et de 1867 l'article 22 de la loi italienne de 1865, qui est ainsi conçu :

« Peuvent être compris dans l'expropriation non-seulement les « propriétés indispensables à l'exécution d'un travail public, mais « encore celles y attenant, dans une zone déterminée, et dont l'oc- « cupation tend directement au but principal du travail susdit.

« La faculté d'exproprier les immeubles contigus doit être for- « mellement exprimée dans l'acte de déclaration d'utilité publique, « ou accordée par un décret royal postérieur (1). »

Ces dispositions, Messieurs, arment l'administration de pouvoirs exceptionnels, dont l'usage peut n'être pas exempt de périls. Il nous a paru, en tout cas, qu'elles méritaient de vous être signalées. En présence des attaques qu'a souvent provoquées notre décret du 26 mars 1852, il est intéressant d'observer combien plus hardies encore ont été les innovations adoptées dans des pays voisins du nôtre et qui s'honorent de porter très-haut le respect de la propriété privée.

Nous avons terminé cette analyse sommaire. Nous voudrions résumer en quelques mots les réflexions qu'elle nous a suggérées.

A ne s'en tenir qu'à leurs traits généraux, la plupart des législations que nous avons étudiées ont beaucoup d'analogie avec celle de la France. Presque toutes reposent sur cette idée fondamentale, qu'il appartient à l'État de donner satisfaction aux plus considérables des besoins sociaux; qu'il a le droit et le devoir d'ordonner les grands travaux publics et d'en prendre la direction.

Deux législations, toutefois, se séparent des autres en ce point. En Angleterre et aux États-Unis, l'exécution des travaux d'utilité générale n'est pas envisagée comme une œuvre devant incomber au gouvernement. En dehors de quelques cas exceptionnels (la nécessité d'assurer la défense du territoire, par exemple), l'État n'est pas considéré comme ayant mission directe de pourvoir aux entreprises d'intérêt collectif (chemins de fer, canaux, etc.). Leur exécution est laissée à l'initiative privée, avec cette différence

(1) V. aussi la loi du canton de *Genève*, du 11 juillet 1867 :

Art. 2. — « S'il s'agit d'ouvrir ou d'élargir une rue ou une place dans une ville « du canton, l'expropriation peut comprendre, outre le terrain de la rue ou « de la place projetée, un espace de 15 mètres de chaque côté de cette rue ou de « cette place. »

qu'en Angleterre les compagnies sont soumises à un contrôle très-sévère, qu'aux Etats-Unis elles sont en possession d'une très grande liberté.

Par contre, au regard des intérêts privés et des garanties légales auxquelles ils ont droit, la dissemblance est complète entre ces deux pays. D'un côté, protection scrupuleuse et nécessité d'une intervention du Parlement pour autoriser la moindre atteinte à la propriété; de l'autre, absence à peu près complète de règles et simplification extrême des formes de l'expropriation.

A notre avis, il y a excès dans ces deux systèmes opposés. Nous préférons de beaucoup le régime de juste milieu qui a triomphé en France, en Italie, en Prusse, en Belgique, dans la Confédération Suisse et en Espagne. Les législations de ces pays se groupent tout naturellement par leur esprit, par leur économie générale, par leurs dispositions essentielles. Plusieurs sont nées de notre loi du 8 mars 1810, et trahissent cette communauté d'origine par des traits frappants de ressemblance : toutes sont inspirées par une même pensée maîtresse, celle de donner le pas à l'intérêt public sur l'intérêt privé, mais sans souffrir que ce dernier soit jamais sacrifié, d'ouvrir une voie à toutes les plaintes légitimes, d'assurer une indemnité à tous les intérêts lésés, et de ménager ainsi une transaction équitable entre les droits de l'individu et ceux de l'État.

Paris. — Imprimerie Arnous de Rivière, 26, rue Racine

PARIS. — IMPRIMERIE ARNOUS DE RIVIERE, 26, RUE RACINE.

www.ingramcontent.com/pod-product-compliance
Lightning Source LLC
LaVergne TN
LVHW010015230826
846092LV00002B/829

9782019285500